BEI GRIN MACHT SICH IHR WISSEN BEZAHLT

- Wir veröffentlichen Ihre Hausarbeit, Bachelor- und Masterarbeit

- Ihr eigenes eBook und Buch - weltweit in allen wichtigen Shops

- Verdienen Sie an jedem Verkauf

Jetzt bei www.GRIN.com hochladen und kostenlos publizieren

Bibliografische Information der Deutschen Nationalbibliothek:

Die Deutsche Bibliothek verzeichnet diese Publikation in der Deutschen National-
bibliografie; detaillierte bibliografische Daten sind im Internet über http://dnb.d-
nb.de/ abrufbar.

Impressum:

Copyright © 2017 GRIN Verlag
Druck und Bindung: Books on Demand GmbH, Norderstedt Germany
ISBN: 9783346084477

Dieses Buch bei GRIN:

https://www.grin.com/document/509772

Jessica Nagel

Deterministische Produktion

Entwicklung einer Anforderungsanalyse für ein mittelständisches Unternehmen

GRIN Verlag

GRIN - Your knowledge has value

Der GRIN Verlag publiziert seit 1998 wissenschaftliche Arbeiten von Studenten, Hochschullehrern und anderen Akademikern als eBook und gedrucktes Buch. Die Verlagswebsite www.grin.com ist die ideale Plattform zur Veröffentlichung von Hausarbeiten, Abschlussarbeiten, wissenschaftlichen Aufsätzen, Dissertationen und Fachbüchern.

Besuchen Sie uns im Internet:

http://www.grin.com/

http://www.facebook.com/grincom

http://www.twitter.com/grin_com

Assignment

Deterministische Produktion – Requirement Engineering

Verfasserin: Jessica Nagel

Studiengang: Master of Science - IT-Management

Modulbezeichnung: MIP62 - Management komplexer IT-Projekte 2

Bearbeitungszeitraum: 23.10.2017 – 18.12.2017

I. Inhaltsverzeichnis

II. Abbildungsverzeichnis

III. Abkürzungsverzeichnis

CARE	Computer Aided Requirements Engineering
CIO	Chief Information Officer
ERP	Enterprise Resource Planning
IEEE	Institute of Electrical and Electronics Engineers
IREB	International Requirements Engineering Board e.V.
IT	Informationstechnologie

1. Einleitung

Im folgenden Kapitel wird zunächst die Problemstellung der vorliegenden Ausarbeitung erläutert, darauf aufbauend werden die Ziele sowie der Aufbau der Arbeit beschrieben.

1.1. Problemstellung

Durch die zunehmenden Innovationen und neue Technologien im Umfeld der Informationstechnologie (IT) erleben Unternehmen einen starken Wandel. Um von den neuen Technologien nicht abgehängt zu werden, werden in Unternehmen immer mehr Projekte in unterschiedlichen Bereichen zur Modernisierung der IT-Landschaft durchgeführt. Die Beratungsfirma IAG Consulting hat in einer Studie aus dem Jahr 2008 allerdings festgestellt, dass circa 68 Prozent aller IT-Projekte als gescheitert betrachtet werden müssen.[1] Das CIO-Magazin spricht sogar von 75 Prozent aller Projekte in Unternehmen aus unterschiedlichen Bereichen, welche scheitern.[2]

Die Gründe für das Scheitern von Projekten sind vielseitig, die meisten Projekte scheitern an mangelnder Kommunikation oder fehlender Methodik im Projekt. Ein weiterer Grund für das Scheitern von Projekten ist, dass Anforderungen und Ziele des Projekts unklar sind, diese sollten vor dem Start eines Projekts klar definiert und kontinuierlich überwacht werden. Die verschiedenen Interessensgruppen, die so genannten Stakeholder müssen dabei in Einklang gebracht werden.[3]

Damit ein Projekt Erfolg haben kann, wird neben einer guten Kommunikation, also auch ein strukturierter Umgang mit den verschiedenen Anforderungen der unterschiedlichen Stakeholder benötigt. Hierfür wird das *Requirement Engineering* verwendet, welches für die Ermittlung, Verwaltung und Dokumentation von Anforderungen verschiedener Interessensgruppen innerhalb eines Projektes verantwortlich ist. Durch *ein Requirement Engineering* werden die genannten Gründe für das Scheitern weitestgehend eliminiert und das Projekt kann erfolgreich umgesetzt werden.

---

[1] vgl. K. Schmitt, '68 Prozent aller IT-Projekte scheitern', NetMediaEurope: Silicon Blog, 17 December 2008

[2] vgl. W. Kurzlechner, 'Drei Viertel der Projekte scheitern', CIO Magazin, 02 January 2012

[3] vgl. M. Dittrich, '10 Gründe warum Projekte scheitern', twago Blog, 10 March 2016

Der Prozess des *Requirement Engineering* ist jedoch je nach Projekt und Unternehmen unterschiedlich und muss immer spezifisch angepasst werden. Im Folgenden soll der Prozess der Anforderungsanalyse für ein beispielhaftes Projekt in einer beispielhaften Firma aufgezeigt werden.

1.2. Zielsetzung und Aufbau der Arbeit

Das Ziel der vorliegenden Ausarbeitung ist es, die Vorgehensweise für die Anforderungsanalyse eines mittelständischen Handelsunternehmens für Spezialwerkzeuge, welches sein altes *Enterprise Resource Planning* (ERP)-System ablösen möchte, zu entwickeln.

Nachdem im ersten Kapitel die Problemstellung sowie die Zielsetzung und der Aufbau der Arbeit erläutert wurden, werden im zweiten Kapitel zunächst die Grundlagen des *Requirement Engineering* geschaffen, hierzu gehören die Definition des Begriffs sowie das Aufzeigen des standardmäßigen Prozessablaufs einer Anforderungsanalyse. Im dritten Kapitel wird der konkrete Prozess der Anforderungsanalyse für die Ablösung des ERP-Systems skizziert. Die Anforderungsanalyse besteht aus der Ermittlung von Anforderungen sowie der Analyse der ermittelten Anforderungen. Für die Ermittlung der Anforderungen werden in Kapitel 3.1 zunächst die Quellen für Anforderungen sowie mögliche Methoden und Techniken zur Anforderungsermittlung vorgestellt. In Kapitel 3.2 erfolgt die konkrete Analyse der ermittelten Anforderungen, das heißt die Anforderungen werden klassifiziert und priorisiert. Zum Abschluss werden in Kapitel 3.3 mögliche Ergebnisse der vorangegangenen Anforderungsanalyse aufgezeigt.

Zum Abschuss der Arbeit werden im vierten Kapitel die Ergebnisse der Ausarbeitung zusammengefasst und kritisch betrachtet.

2. Theoretische Grundlagen

In diesem Kapitel werden die theoretischen Grundlagen für die vorliegende Ausarbeitung erarbeitet. Hierfür wird zunächst der zentrale Begriff *Requirement Engineering* definiert sowie der Prozessablauf der Anforderungsermittlung aufgezeigt.

2.1. Definition Requirement Engineering

Der englische Begriff *Requirement* bedeutet auf Deutsch übersetzt Anforderung und wird vom *Institute of Electrical and Electronics Engineers* (IEEE) als eine dokumentierte Eigenschaft oder Fähigkeit, die von einer Person oder einem System zur Lösung eines Problems oder zur Erreichung eines Ziels benötigt wird, definiert. Diese Ziele können sein, einen Vertrag, eine Norm, eine Spezifikation oder andere formell vorgegebene Dokumente zu erfüllen.[4] Im Kontext eines IT-Projekts, wie die Ablösung eines ERP-Systems, versteht man unter dem Begriff *Requirement* den Wunsch beziehungsweise die Erwartungshaltung des Benutzers an dem Produkt, also der neuen Software. Dazu gehören die Eigenschaften, Bedingungen, Attribute und auch das Ziel der Produktablösung. Das Ziel der Definition von Anforderungen in einem Projekt ist es, sicherzustellen dass durch das Projekt die relevanten Problemstellungen gelöst werden.[5] Die definierten Anforderungen sind die Grundlage für alle weiteren Aktivitäten und Entwicklungen im Projekt.[6]

Für die Verwaltung der Anforderungen ist das *Requirement Engineering* zuständig. *Requirement Engineering* bedeutet auf Deutsch übersetzt Anforderungstechnik und wird von dem *International Requirements Engineering Board e.V.* (IREB) als systematischer und disziplinierter Ansatz zur Spezifikation und zum Management von

---

[4] vgl. IEEE Standards Board, *IEEE Recommended Practice for Software Requirements Specifications*

[5] vgl. C. Ebert, *Systematisches Requirements Engineering: Anforderungen ermitteln, spezifizieren, analysieren und verwalten*, 5., überarb. Aufl. (Heidelberg: dpunkt.verl., 2014), p. 20ff

[6] vgl. ibid., p. 5

Anforderungen definiert.[7] Der Begriff *Requirement Engineering* wird oftmals als Synonym für Anforderungsanalyse verwendet, das ist allerdings nicht ganz richtig, die Haupttätigkeiten umfassen neben der Analyse auch die Ermittlung, Prüfung und Abstimmung von Anforderungen. Das *Requirement Engineering* wird durch das *Requirement Management* ergänzt, welches Anforderungsänderungen, Dokumentenverwaltung, Planung, Organisation und Kontrolle umfasst.[8] Das Zusammenspiel der beiden Disziplinen ist in Abbildung 1 dargestellt.

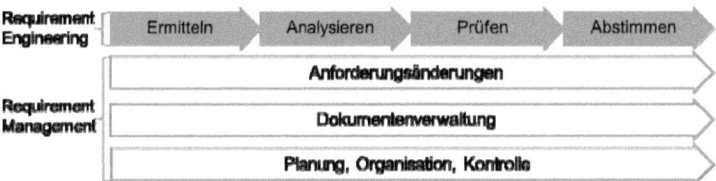

Abbildung 1: Requirement Engineering und Requirement Management[9]

Durch die Definition der Anforderungen in einem Projekt soll erreicht werden, dass die verschiedenen Stakeholder des Projekts das gleiche Verständnis gegenüber dem Projekt haben. Durch die Dokumentation der Anforderungen und die regelmäßige Kontrolle des Erfüllungsgrads sind diese verbindlich und können bezüglich Zeitrahmen und Kosten nachverfolgt werden.[10]

---

[7] vgl. K. Pohl and C. Rupp, *Basiswissen Requirements Engineering: Aus- und Weiterbildung zum Certified Professional for Requirements Engineering – Foundation Level nach IREB-Standard* (Heidelberg: dpunkt, 2011)

[8] vgl. C. Ebert, *Systematisches Requirements Engineering: Anforderungen ermitteln, spezifizieren, analysieren und verwalten*, 5., überarb. Aufl. (Heidelberg: dpunkt.verl., 2014), p. 444f ; vgl. C. Rupp, 'In medias RE' in C. Rupp and die SOPHISTen (eds.), *Requirements-Engineering und -Management: Aus der Praxis von klassisch bis agil*, 6., aktual. u. erw. Aufl. (München: Hanser, 2014), pp. 7–30, at p. 14

[9] vgl. S. Patig and J. Dibbern, *Requirements Engineering*. http://www.enzyklopaedie-der-wirtschaftsinformatik.de/lexikon/is-management/Systementwicklung/Hauptaktivitaten-der-Systementwicklung/Problemanalyse-/Requirements-Engineering/index.html

[10] vgl. M. Grande, *100 Minuten für Anforderungsmanagement: Kompaktes Wissen nicht nur für Projektleiter und Entwickler*, 1. Aufl. (Wiesbaden: Vieweg+Teubner Verlag / Springer Fachmedien Wiesbaden GmbH Wiesbaden, 2011), p. 15ff

2.2. Prozessablauf der Anforderungsanalyse

Da die Projekte, in denen *Requirement Engineering* und somit auch Anforderungsermittlung und -analyse angewendet werden, sehr unterschiedlich sind gibt es keinen einheitlichen standardisierten Prozess, dieser muss auf die jeweilige konkrete Projektsituation angepasst werden.[11] Die jeweilige Projektsituation ist abhängig von der Vorgehensweise im Projekt, so kann grundsätzlich auch zwischen zwei unterschiedlichen Ansätzen der Anforderungsermittlung unterschieden werden. Bei der Feature-orientierten Anforderungsermittlung werden zunächst alle Anforderungen gesammelt. Aus diesen Anforderungen wird ein Projekt erstellt, in welchem das Produkt entwickelt wird. Bei der zielorientierten Methode liegt das Hauptaugenmerk auf der Wertevorstellung des Kunden, also dem Ziel des Produkts. Aus diesem Ziel werden dann schrittweise die Anforderungen ermittelt.[12]

Unabhängig von der gewählten Vorgehensweise ist der Prozessablauf von verschiedenen Parametern abhängig. Der Prozess ist davon abhängig, ob die Anforderungen vertraglich aufgenommen werden müssen, dies ist zum Beispiel dann der Fall, wenn die Realisierung durch ein externes Unternehmen vorgenommen wird. Ein weiterer Unterschied ergibt sich daraus, ob Anforderungen für eine Standardsoftware oder für eine neu zu entwickelnde Software definiert und analysiert werden sollen. Bei der Anforderungsanalyse für eine Standardsoftware müssen sich die Anforderungen sich an den Fähigkeiten der Standardsoftware orientieren, bereits im Standard verfügbare Funktionen oder detaillierte Anforderungen werden oftmals gar nicht erhoben. Je nachdem, durch wen Anforderungen definiert werden können, ändert sich das Projektvorgehen ebenfalls, sind die späteren Benutzer bekannt und es wird nicht allgemein für den Markt entwickelt, können diese in die Erstellung der Spezifikation einbezogen werden. Abhängig von diesen Variablen können dann verschiedene Methoden und Techniken zur Anforderungsanalyse angewendet werden. Wichtig ist für jedes Projekt, die Anforderungen nach der Anforderungsermittlung zu

---

[11] vgl. Ebert, *Systematisches Requirements Engineering*, p. 36

[12] vgl. ibid., p. 53f

analysieren, also zu klassifizieren und zu priorisieren, um diese dann prüfen und abstimmen zu können.

3. Beispielhafter Prozess der Anforderungsanalyse

In diesem Kapitel wird der Prozess der Anforderungsanalyse für ein Projekt bei einem mittelständischen Handelsunternehmen für Spezialwerkzeuge skizziert. Das Unternehmen hat circa 50 Mitarbeiter, verkauft seine Produkte hauptsächlich über den Webshop und möchte sein altes ERP-System ablösen. Hierbei geht es vor allem um die Anforderungsanalyse sowie die dafür notwendige Anforderungsermittlung und nicht um das komplette *Requirement Management*, somit wird nur der Prozess, welcher in Abbildung 2 dargestellt ist, betrachtet.

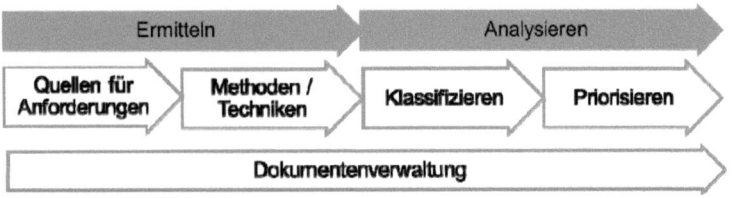

Abbildung 2: Beispielhafter Prozess der Anforderungsanalyse

Die Ermittlung der Anforderungen besteht daraus, zunächst die möglichen Quellen für Anforderungen zu identifizieren und eine Methode oder Technik zur Ermittlung der Anforderungen mit Hilfe dieser Quellen festzulegen. Nachdem alle Anforderungen ermittelt werden, werden diese vor der Umsetzung analysiert. Das ist wichtig, da die Anforderungen aus verschiedenen Quellen zusammengetragen werden und verhindert werden muss, dass sich Anforderungen beispielsweise gegenseitig widersprechen. Hierfür werden die Anforderungen zunächst klassifiziert und dann priorisiert.

Da es sich bei diesem Projekt um ein ERP-Projekt handelt und diese meist durch externe Berater begleitet werden, muss die Spezifikation der Anforderungen genau dokumentiert werden, da die Anforderungen die Grundlage für die spätere Realisierung sind und vertraglich zwischen der Firma und dem Dienstleister vereinbart werden. Somit ist die Dokumentenverwaltung während der kompletten Anforderungsanalyse und dem kompletten Projekt ein sehr wichtiger Bestandteil.

3.1. Ermittlung der Anforderungen

Quellen für Anforderungen ermitteln

Zu den Quellen für Anforderungen zählen die Stakeholder, welche im Projekt beteiligt sind sowie vorhandene Dokumente. Die Stakeholder sind sehr wichtig, da hier wertvolle Informationen ermittelt werden. Besonders wichtig ist es, die richtigen Stakeholder auszuwählen und keinen Stakeholder zu vergessen, um keine falschen Anforderungen zu ermitteln oder Anforderungen zu vergessen.[13]

Für das ERP-Projekt sind die typischen Stakeholder der Auftraggeber, der Lenkungsausschuss, der Projektleiter sowie das Controlling des Unternehmens.[14] Im vorliegenden Fall sind die späteren Anwender des Systems bekannt und können somit zu den Stakeholdern gezählt werden, weitere Stakeholder sind die Abteilungsleiter, der Geschäftsführer und Entwickler für die abgelöste und die neue Software. Aufgrund der relativ kleinen Anzahl an Mitarbeitern können alle Anwender zu Anforderungen befragt werden, die Anforderungen sollten dann zunächst durch die Abteilungsleiter und später durch den Projektleiter konsolidiert und in einem Gespräch mit den anderen Stakeholdern vorgestellt werden. Solch ein Gespräch, in dem alle Stakeholder miteinander sprechen, über die Anforderungen diskutieren und das Produkt von unterschiedlichsten Seiten betrachten ist vor allem am Anfang des Projekts sehr wichtig und sollte regelmäßig wiederholt werden.

Eine weitere Quelle sind vorhandene Dokumentationen. In dem ERP-Projekt kann dies eine Dokumentation des bisherigen ERP-Systems sein oder Normen beziehungsweise Vorschriften die vor allem im Bereich der Finanzbuchhaltung oder der Produktion eingehalten werden müssen und zu Anforderungen an das ERP-System führen.

---

[13] vgl. Grande, *100 Minuten für Anforderungsmanagement*, p. 22

[14] vgl. Ebert, *Systematisches Requirements Engineering*, p. 64

Methoden und Techniken zur Ermittlung von Anforderungen wählen

Die Firma, für die die Anforderungsanalyse durchgeführt werden soll, arbeitet schon seit Jahren mit dem Altsystem, die Personen, die früher die Arbeitsgänge manuell ausführten, haben das Unternehmen vermutlich bereits verlassen. Die jetzigen Mitarbeiter kennen die Fachlogik des Systems vor allem in Form von Bedienschritten der Bildschirmmasken. Die dahinter verborgene Fachlogik kann daher vor allem aus Dokumentation ermittelt werden. Eventuell stehen auch noch Protokolle aus Gesprächen oder Workshops der damaligen Systemeinführung zur Verfügung, die zur ersten Analyse der Anforderungen genutzt werden können. Für die Analyse der Dokumente werden Artefakt-basierte Techniken verwendet, dadurch wird sichergestellt, dass die gesamte Funktionalität des Altsystems erkannt wird, um auf dieser Basis zu entscheiden, was davon als Funktionalität im neuen System zur Verfügung stehen soll. Wichtig ist hierbei, dass nicht nur die Dokumente alleine als Ausgangsbasis für die Anforderungen verwendet werden, um die Gültigkeit der alten Anforderungen zu bestimmen.[15]

Die Gültigkeit der alten Anforderungen sowie neue Anforderungen werden durch die Stakeholder validiert. Um alle Anforderungen der Stakeholder zu ermitteln ist es wichtig, die richtigen Methoden und Techniken zu wählen, um die jeweiligen Stakeholder so zu befragen, dass der Inhalt der Antworten einen hohen Informationswert hat. Eine Besonderheit ergibt sich in dem ERP-Projekt daraus, dass Standardsoftware eingeführt werden soll. Somit muss das Prozessmuster als reaktiver Prozess gesteuert werden, die ermittelten Anforderungen müssen sich an den Fähigkeiten der Standardsoftware orientieren. Somit müssen die Funktionen der Standardsoftware den Stakeholdern gezeigt werden, diese Funktionen müssen dann nicht als detaillierte Anforderungen aufgenommen werden.

---

[15] vgl. C. Rupp and D. Schüpferling, 'Anforderungsermittlung — Hellsehen für Fortgeschrittene' in C. Rupp and die SOPHISTen (eds.), *Requirements-Engineering und -Management: Aus der Praxis von klassisch bis agil*, 6., aktual. u. erw. Aufl. (München: Hanser, 2014), pp. 89–121, at p. 110f ; vgl. Ebert, *Systematisches Requirements Engineering*, p. 78

Nachdem die standardmäßig zur Verfügung stehenden Funktionen bekannt sind, können die Anforderungen zunächst mit Kreativtechniken ermittelt werden. Diese Methode befasst sich mit der Ermittlung der ersten Vision eines Systems oder innovativer Ideen, welche eine Übersicht geben soll über die jeweiligen Anforderungen. Grundlegend ist diese Methode zielorientiert. Meist werden Gruppenarbeiten oder Brainstorming eingesetzt, damit die Anforderungen ermittelt werden können. Auch hier gibt es zwei Möglichkeiten einmal das normale Brainstorming, hier werden Ideen, Gedanken gesammelt und aufgeschrieben. Bei der Paradoxon Brainstorming Art, wir auch ermittelt was das neue Produkt nicht können soll. Die Ergebnisse dieser Befragungsmethode geben zunächst eine Richtung vor, was die neue Software unbedingt können muss und was nicht. Somit ist es möglich einen genauen Rahmen für das Projekt abzustecken.[16]

Nachdem mit Kreativitätstechniken erste Anforderungen sowie Nicht-Anforderungen ermittelt wurden, können weitere Anforderungen mit der Befragungsmethode ermittelt werden. Hierbei kann entweder ein Interview, besser aber ein schriftlicher Fragebogen verwendet werden. Durch einen Fragebogen lassen sich viele Informationen ermitteln. Der Fragebogen selbst ist eher eine indirekte Form, da hier der Befragte sich einige Gedanken machen kann. Mit der Befragungsmethode sind als Ergebnis vor allem die Vor- und Nachteile der bisher genutzten Software zu erkennen.[17]

Abschließend können durch die Beobachtungsmethode weitere Anforderungen identifiziert werden, dies macht vor allem dann Sinn, wenn die grundlegenden Anforderungen bereits festgelegt sind. Hierbei steht die Beobachtung eines Produktes im Fokus. Bei der Apprenticing-Beobachtungsmethode nimmt der Entwickler beziehungsweise Berater der neuen Software die Rolle des Anwenders an und führt die Tätigkeiten aus. Dadurch können noch einmal mehr Informationen über das System gesammelt sowie Verbesserungspotenziale identifiziert werden. Als Ergebnis der

---

[16] vgl. Rupp and Schüpferling, 'Anforderungsermittlung — Hellsehen für Fortgeschrittene', p. 99f

[17] Maalej W. and Thurimella A. K. (eds.), *Managing Requirements Knowledge* (Berlin, Heidelberg: Springer Berlin Heidelberg, 2013), p. 5

Beobachtungsmethode kann der Entwickler selbst die Vor- und Nachteile des Systems bewerten und dies in die Anforderungen mit einfließen lassen. Die Beobachtungsmethode macht deshalb vor allem am Schluss der Anforderungsermittlung Sinn, wenn bereits Anforderungen definiert sind.[18]

Eine weitere Möglichkeit zur Beobachtung ist das Prototyping, hier wurden bereits Funktionen des Projektes umgesetzt und der Anwender kann diesen Prototyp anwenden um zu sehen, wo noch Verbesserungsmöglichkeiten bestehen. Das Prototyping funktioniert in diesem ERP-Projekt sehr gut, da es sich hierbei um Standardsoftware handelt und als Prototyp beispielsweise ein Schulungssystem der Herstellerfirma oder ein Testzugang verwendet werden kann.[19]

Wichtig bei der Anforderungsermittlung ist außerdem ein iteratives Vorgehen, das heißt die einzelnen Phasen sollten bei Bedarf mehrmals durchlaufen werden. Sind die ersten Anforderungen bereits in einem Prototyp realisiert und für die Anwender greifbar, ergeben sich daraus vermutlich neue Anforderungen oder bestehende Anforderungen ändern sich. Die Anforderungsermittlung ist sehr dynamisch und lebt von Informationen welche ermittelt, dokumentiert und geprüft werden müssen.

3.2. Analyse der Anforderungen

Nachdem alle Anforderungen für das Projekt gesammelt wurden müssen diese vor der Umsetzung analysiert werden, damit sich Anforderungen beispielsweise nicht gegenseitig widersprechen. Da im ersten Schritt des Projekts meistens nicht alle Anforderungen umgesetzt werden können, werden diese klassifiziert und priorisiert.

---

[18] vgl. Grande, *100 Minuten für Anforderungsmanagement*, p. 50 ; vgl. Rupp and Schüpferling, 'Anforderungsermittlung — Hellsehen für Fortgeschrittene', p. 103ff

[19] vgl. Ebert, *Systematisches Requirements Engineering*, p. 78 ; vgl. Rupp and Schüpferling, 'Anforderungsermittlung — Hellsehen für Fortgeschrittene', p. 105ff

Klassifizierung der Anforderungen

Damit die ermittelnden Anforderungen effizient priorisiert werden können ist zunächst eine Klassifizierung notwendig. Die Klassifizierung der Anforderungen gibt eine Übersicht darüber, um was es in der jeweiligen Anforderung geht. Die Anforderungen lassen sich nach IREB in die folgenden drei Arten klassifizieren, welche sich gegenseitig beeinflussen:

- Funktionale Anforderungen
- Nicht-funktionale Anforderungen / Qualitätsanforderungen
- Rahmenbedingungen / Randbedingungen

Die funktionalen Anforderungen spezifizieren die Funktionalität, die das System zur Verfügung stellen soll und können sehr präzise formuliert werden. Die Nicht-funktionalen Anforderungen werden auch Qualitätsanforderungen genannt und ergänzen die funktionalen Anforderungen um qualitative Eigenschaften. Diese Anforderungen klären, wie gut die Umsetzung sein soll beziehungsweise wie gut das System bezüglich verschiedener Charakteristika sein soll, Beispiele hierfür sind Zuverlässigkeit, Verfügbarkeit, Wartbarkeit oder Sicherheit. Die verschiedenen Qualitätsanforderungen können sich gegenseitig ausschließen, deshalb ist es wichtig die Anforderungen abzuwägen und einen Kompromiss zwischen den verschiedenen Qualitätsanforderungen zu finden. Die Rahmenbedingungen oder auch Randbedingungen genannt sind organisatorische oder technologische Einschränkungen des Freiheitgrades eine Lösung bereitzustellen, wie Kosten oder gesetzliche Vorgaben.[20]

---

[20] vgl. Rupp, 'In medias RE', p. 11 ; vgl. Ebert, *Systematisches Requirements Engineering*, p. 29ff ; vgl. K. Pohl, *Requirements engineering: Grundlagen, Prinzipien, Techniken*, 2., korrigierte Aufl. (Heidelberg: dpunkt-Verl., 2008), p. 14ff

Priorisierung der Anforderungen

Nachdem die Anforderungen klassifiziert und gegebenenfalls in Verbindung miteinander gebracht wurden, werden diese priorisiert. Durch die Priorisierung der Anforderungen wird eine Grundlage für technische Entscheidungen sowie Management-Entscheidungen geschaffen und es können Kompromisse zwischen in Konflikt stehenden Anforderungen gefunden werden. Eine ERP-Einführung findet meist in mehreren Phasen oder Releases der Software statt, so werden im ersten Schritt nur die wichtigsten Anforderungen umgesetzt, die weiteren Anforderungen werden dann in weiteren Schritten abgebildet, um den Prozess weiter zu optimieren. Hierbei ist es wichtig darauf zu achten, dass mit Einstellungen im System keine Anforderungen blockiert werden. Grundsätzlich können die Anforderungen in vier Prioritäten eingeteilt werden.

- Standard-Anforderungen: Funktionalitäten sind im Standard verfügbar
- Muss-Anforderungen: unverzichtbare zusätzliche Anforderungen, dies wäre im ERP-Projekt die Anbindung des neuen Systems an den Webshop, diese Anbindung ist im Standard vermutlich nicht verfügbar für das Unternehmen aber essenziell
- Soll-Anforderungen: wichtige Anforderungen, auf die aber im ersten Schritt aufgrund von beispielsweise Kosten verzichtet werden könnte
- Wunsch-Anforderungen: Anforderungen, die zwar schön zu haben, aber nicht essenziell sind, diese Anforderungen können in einem Optimierungsprojekt umgesetzt werden

Nachdem die Anforderungsermittlung und -analyse abgeschlossen ist, wurden Anforderungen über Funktionen der Software, die grafische Benutzeroberfläche, mögliche Schnittstellen, Daten und Datenstrukturen sowie rechtliche und betriebliche Anforderungen gesammelt.

Wichtig hierbei ist, dass die Anforderungen vollständig, widerspruchsfrei und prüfbar festgehalten werden, dies erfolgt in Form eines Lastenhefts. Die Anforderungen können im Lastenheft in unterschiedlicher Form aufbereitet werden. Neben der reinen textlichen Beschreibung sind für eine ERP-Software vor allem Anwendungsfälle, die so genannten Use Cases denkbar. Diese beschreiben die Interaktion eines Benutzers mit dem System aus Benutzersicht. Ein Use Case repräsentiert immer einen abgeschlossenen Handlungsfall und kann sowohl textlich als auch graphisch als Use Case Diagramm dokumentiert werden. Die Anforderungen können über ein Aktivitätsdiagramm in der Unified Modeling Language (UML) vereinfacht dargestellt werden. Des Weiteren können Bilder oder Mind Maps sowie komplexe Prozessmodelle zur Dokumentation der Anforderungen erstellt werden.

Für die Verwaltung der Anforderungen sollte ein Computer Aided Requirements Engineering (CARE)-Tool verwendet werden. Hier können alle Anforderungen in den unterschiedlichen Formen dokumentiert, kategorisiert und priorisiert werden. Hier kann auch verwaltet werden, von wem welche Anforderung gestellt wurde oder welche Abhängigkeiten zwischen den Anforderungen existieren.[21]

---

[21] Vgl. R. Simon, *Auswahl Requirements Engineering Werkzeug - das passende Tool für die Anforderungsanalyse.* http://www.infforum.de/leistungen/leistung-auswahl-re-tool.htm

4. Schlussbetrachtung

In der vorliegenden Ausarbeitung wurde die Anforderungsanalyse für die Ablösung des ERP-Systems bei einem mittelständischen Handelsunternehmen konzipiert. Die Anforderunsanalyse ist die Basis des *Requirement Engineering*. Wenn bei dieser Aktivität Fehler gemacht werden, dann sind diese im späteren Projektverlauf oft nur mit sehr hohem Aufwand zu beheben. Hierfür wurden zuerst die Quellen für die Anforderungen ermittelt und dann Methoden für die Befragung der Quellen ausgewählt. Die Auswahl der Methoden ist sehr groß, hierbei sollte generell immer nach den jeweiligen Zuständen im Unternehmen geschaut werden. Nach der Anforderungsermittlung, wurden die Anforderungen kategorisiert und priorisiert, zur besseren Verwaltung wird hierbei ein CARE-Tool eingesetzt. Das Ergebnis der Anforderungsanalyse ist ein Lastenheft, in dem alle Anforderungen dargestellt werden.

Die Behandlung von Kundenanforderungen hat sich dabei als sehr anspruchsvoll herausgestellt. Dies liegt zum einen daran, dass Anwender die Software intuitiv beschreiben. Die Anwender kennen zwar die Ergebnisse, welche sie vom Einsatz der Software erwarten, jedoch nicht die zugrundeliegenden Einstellungen im System. Ein weiteres Problem können die hohe Innovationsrate im IT-Bereich oder die Änderung von gesetzlichen Vorgaben ergeben. Die wohl größte Herausforderung liegt in der Instabilität der Anforderungen. Die Anwender variieren im Laufe der Entwicklung ihre Anforderungen stark. Ein wesentlicher Grund hierfür ist die Veränderung der Arbeitsabläufe durch den Einsatz der neuen Technologie. Die erstmalig formulierten Anforderungen beziehen sich auf den Stand ohne die neue ERP-Software. Sobald diese mit einbezogen wird, ergeben sich neue oder veränderte Anforderungen, da die Anwender erkennen was mit der neuen Software alles gemacht werden kann.[22]

Die wichtigste Aufgabe von *Requirement Engineering* ist es somit, aus den Aussagen von Kunden und Anwendern für den Entwicklungsprozess verwertbare Aussagen zu

---

[22] vgl. G. Angermeier, *Requirements Engineering*.
https://www.projektmagazin.de/glossarterm/requirements-engineering (04 November 2017)

erstellen, zu dokumentieren und diese in der Umsetzung zu priorisieren. Ein gutes *Requirement Engineering* kann ein Projekt zum Erfolg führen.

IV. Literaturverzeichnis

Angermeier G., *Requirements Engineering*. https://www.projektmagazin.de/glossarterm/requirements-engineering (04 November 2017).

Dittrich, M., '10 Gründe warum Projekte scheitern', twago Blog, 10 March 2016.

Ebert, C., *Systematisches Requirements Engineering: Anforderungen ermitteln, spezifizieren, analysieren und verwalten*, 5., überarb. Aufl. (Heidelberg: dpunkt.verl., 2014).

Grande, M., *100 Minuten für Anforderungsmanagement: Kompaktes Wissen nicht nur für Projektleiter und Entwickler*, 1. Aufl. (Wiesbaden: Vieweg+Teubner Verlag / Springer Fachmedien Wiesbaden GmbH Wiesbaden, 2011).

IEEE Standards Board, *IEEE Recommended Practice for Software Requirements Specifications*.

Kurzlechner, W., 'Drei Viertel der Projekte scheitern', CIO Magazin, 02 January 2012.

Maalej, W. and Thurimella, A. K. (eds.), *Managing Requirements Knowledge* (Berlin, Heidelberg: Springer Berlin Heidelberg, 2013).

Patig S. and Dibbern J., *Requirements Engineering*. http://www.enzyklopaedie-der-wirtschaftsinformatik.de/lexikon/is-management/Systementwicklung/Hauptaktivitaten-der-Systementwicklung/Problemanalyse-/Requirements-Engineering/index.html.

Pohl, K., *Requirements engineering: Grundlagen, Prinzipien, Techniken*, 2., korrigierte Aufl. (Heidelberg: dpunkt-Verl., 2008).

Pohl, K. and Rupp, C., *Basiswissen Requirements Engineering: Aus- und Weiterbildung zum Certified Professional for Requirements Engineering – Foundation Level nach IREB-Standard* (Heidelberg: dpunkt, 2011).

Rupp, C., 'In medias RE' in C. Rupp and die SOPHISTen (eds.), *Requirements-Engineering und -Management: Aus der Praxis von klassisch bis agil*, 6., aktual. u. erw. Aufl. (München: Hanser, 2014), pp. 7–30.

Rupp, C. and Schüpferling, D., 'Anforderungsermittlung — Hellsehen für Fortgeschrittene' in C. Rupp and die SOPHISTen (eds.), *Requirements-Engineering und -Management: Aus der Praxis von klassisch bis agil*, 6., aktual. u. erw. Aufl. (München: Hanser, 2014), pp. 89–121.

Schmitt, K., '68 Prozent aller IT-Projekte scheitern', NetMediaEurope: Silicon Blog, 17 December 2008.

Simon R., *Auswahl Requirements Engineering Werkzeug - das passende Tool für die Anforderungsanalyse.* http://www.infforum.de/leistungen/leistung-auswahl-re-tool.htm.

BEI GRIN MACHT SICH IHR WISSEN BEZAHLT

- Wir veröffentlichen Ihre Hausarbeit,
  Bachelor- und Masterarbeit

- Ihr eigenes eBook und Buch -
  weltweit in allen wichtigen Shops

- Verdienen Sie an jedem Verkauf

Jetzt bei www.GRIN.com hochladen
und kostenlos publizieren